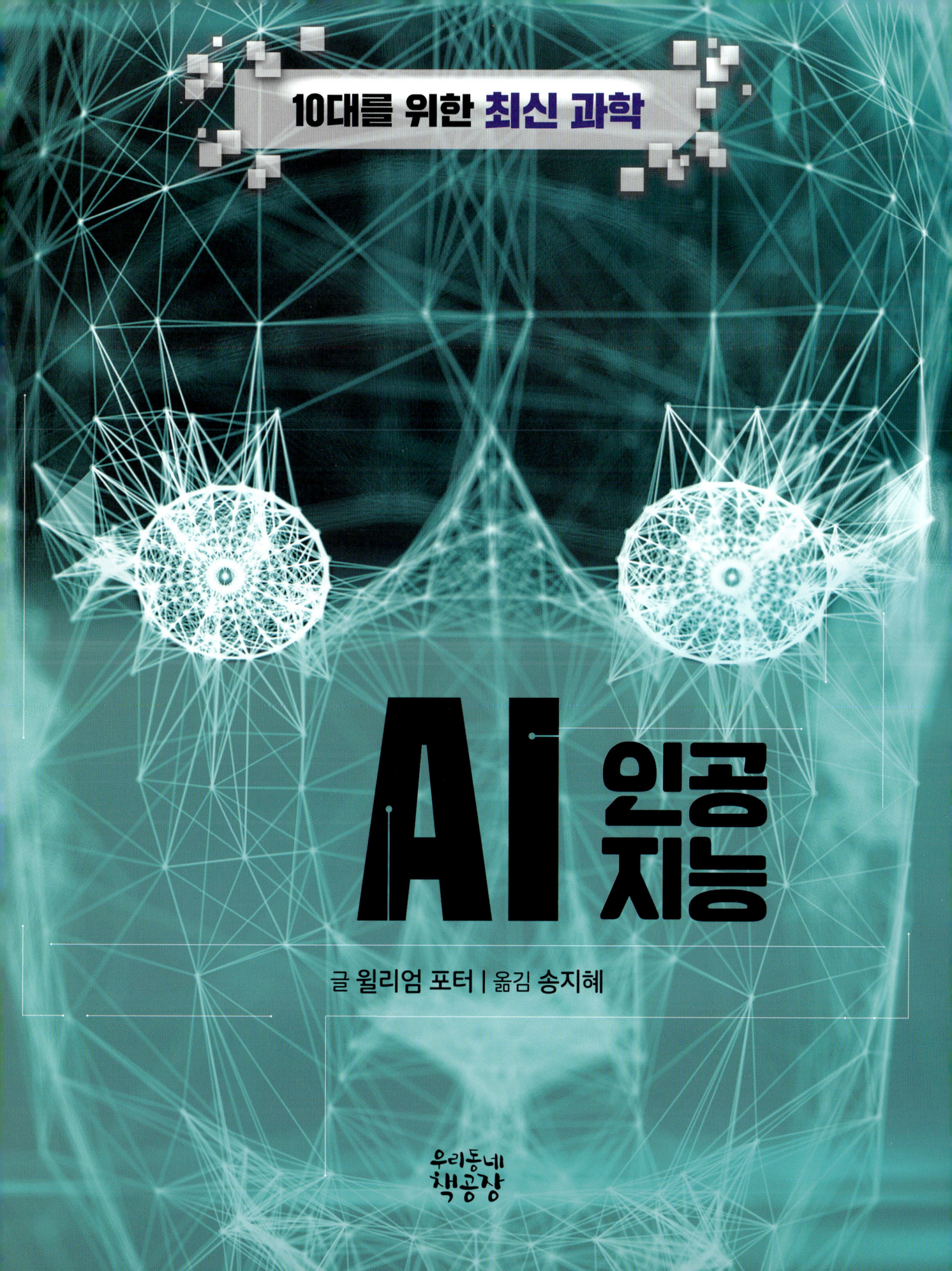

1판 1쇄 발행 2022년 4월 30일 | 1판 2쇄 발행 2024년 5월 10일

글 윌리엄 포터 | 옮김 송지혜 | 편집 꿈틀
펴낸이 정윤화 | 펴낸곳 더모스트북 | 디자인 S and book (design S)
출판등록 제 2016-000008 호
주소 강북구 인수봉로64길 5 | 전화 02-908-2738 | 팩스 02-6455-2748
이메일 mbook2016@daum.net

ISBN 979-11-87304-30-2
ISBN 979-11-87304-27-2 74550 (세트)

우리동네책공장은 더모스트북의 아동브랜드입니다.

The Tech-Head Guide: AI
The Tech-Head Guide: AI by William Potter
First published in Great Britain in 2020 by Wayland
Copyright © Hodder and Stoughton, 2020
Korean edition copyright © The Mostbook, 2022
All rights reserved.

This Korean edition published by arrangement with Hodder and Stoughton, on behalf of Wayland, a part of Hachette Children's Group, through Shinwon Agency Co., Seoul.

이 책의 한국어판 저작권은 신원에이전시를 통해 저작권자와 독점 계약한 더모스트북에 있습니다.
저작권법에 의해 한국 내에서 보호를 받는 저작물이므로 무단 전재와 무단 복제를 금합니다.

Picture credits:
Alamy: AF Archive/Disney2008 25tl; All Star Picture Library/Stanley Kubrick Production 1968 24cl; BSIP SA 19bl; dpa picture alliance 29tr; Media for Medical SARL 18r; Photo12/Disney 1982 24-25bg; Picture Luxe/The Hollywood Archive/Disney 2015 25bl; Science History Images 6bl; Science Photo Library 7tl. Tony Avelar/The Christian Monitor 20l. CAPTCHA 9cr. Chysler 13cl. Mike Cook/Games by Angelina.org 21c.DARPA 13tr.DoDAm systems bl back cover, 16bl. Nehemia Gershuni/Israeli Defence Forces 17b. Getty Images: Ilgan Sports/Multi-Bits 20-21bg; The Life Picture Collection 22bl. iRobot.co.uk 23bl. JPL/NASA 23br. JSC/NASA 27bl.Tim Kaulen/Carnegie Mellon University.Peter Menzel/SPL tr back cover, 22c. Microsoft research 11b. MIT 10l. Princetonai.com team: Eugene Demchenko, Sergey Ulasen, Selena Semoushkina, Mikhail Gershkovich, Vladimir Veselov, Laurent Alquier (graphics) 11t. RIKEN research centre br back cover, 26c. Shutterstock: front cover -Sergey Tarasov, Social Media Hub, icons 4-5b -Artfury , Rashad Ashur, Avicon , bhjary, Cube 29, dimorph, Fidart, grafixmania,, juli92, Kasue, Martial Red, suesse, Top Vector Stock, Ihor Zigor; agsandrew 28-29bg; Christoph Burgstedt 19t; Castleski 9t; Sergey Fatin 21b; Food Travel Stockforlife 18-19bg; garetsworkshop 8c; G_O_S 16-17bg; Kaspars Grinvalds 10r; Anton Gvozdikov 23t; Halfpoint 9cl; Sarah Holmlund 29bl; Immersion Imagery 1, 4-5 bg; jakkapan 22-23bg; Jenson 26b; Lee Jin-Man/AP/ Rex Features 14br; majcot 6-7bg, 30-31bg, 32bg; metamorworks 2-3 bg, 12-13bg, 12br; MSSA 14bl; Panuwatccn 27tl; Peshkova 26027bg; Andrey Popov 8-9bg, 8b; REDPIXEL 27tr; sdecoretn 28br; Tatiana Shepeleva 29br; SvedOliver 18l; Sergey Tarasov front cover; TierneyMJ 10-11bg; Vaalaa 17t; Lerner Vadim 5tr; Jan de Wild 5tl. Sense.ly 19cr. Stanford University 6cr. 343 Studio 14-15bg. US Navy Photo/PD/ MCS 3rd Class Gregory A Harden II 16-17c. Valve Corporation 15c. CC Wikimedia Commons/Lord Redthorn 7tr.

Every attempt has been made to clear copyright. Should there be any inadvertent omission please apply to the publisher for rectification.

차례

AI란 무엇일까? ………………………………………… 4
발전하는 지능 ………………………………………… 6
개인을 구별하는 방법 ………………………………… 8
자동 도우미 …………………………………………… 10
자율주행 자동차 ……………………………………… 12
게임 플레이어 ………………………………………… 14
군인 정신 ……………………………………………… 16
AI 의사 ………………………………………………… 18
AI 예술가 ……………………………………………… 20
AI 로봇 ………………………………………………… 22
영화 속 AI ……………………………………………… 24
AI가 하게 될 일 ……………………………………… 26
AI가 만드는 세상 ……………………………………… 28

용어 풀이 / 참고할 만한 사이트와 도서 …………… 30
찾아보기 ……………………………………………… 32

AI란 무엇일까?

프랑켄슈타인 박사가 만든 괴물에서부터 인조인간에 이르기까지 지능을 갖춘 인공 생명체를 소재로 한 수많은 영화와 소설들이 있고, 이러한 상상들은 이제 현실이 되어 가고 있다. 기계는 인공지능, 즉 AI를 사용하여 스스로 학습하고, 더 효율적인 처리 방법을 찾고, 혼자 힘으로 결정을 내린다.

학습을 학습하다

초창기 컴퓨터 프로그램들은 단순한 명령을 수행했고 결과를 예측할 수 있었다. 지난 반세기 동안 기술이 빨라지고 인터넷을 사용할 수 있게 되면서 프로그램은 더욱더 발전하여 정보를 수집하고, 아이디어를 시험하고, 최선의 해결책을 스스로 찾을 수 있게 되었다. 이처럼 인간의 학습 능력을 인공적으로 실현한 기술을 **인공지능**, 줄여서 **AI(Artificial Intelligence)**라고 한다.

영리한 컴퓨터

컴퓨터 AI는 명령어들의 집합인 알고리즘을 사용하여 작동한다. **알고리즘**이란 문제를 해결하기 위해 순서대로 따라야 하는 절차를 말한다. 마치 사람이 일의 순서를 결정하는 것처럼 말이다. 아침을 먹기 위한 알고리즘은 아마도 다음과 같을 것이다: 그릇을 찾아라, 시리얼을 넣어라, 우유를 부어라, 숟가락을 가져와라······.

연표

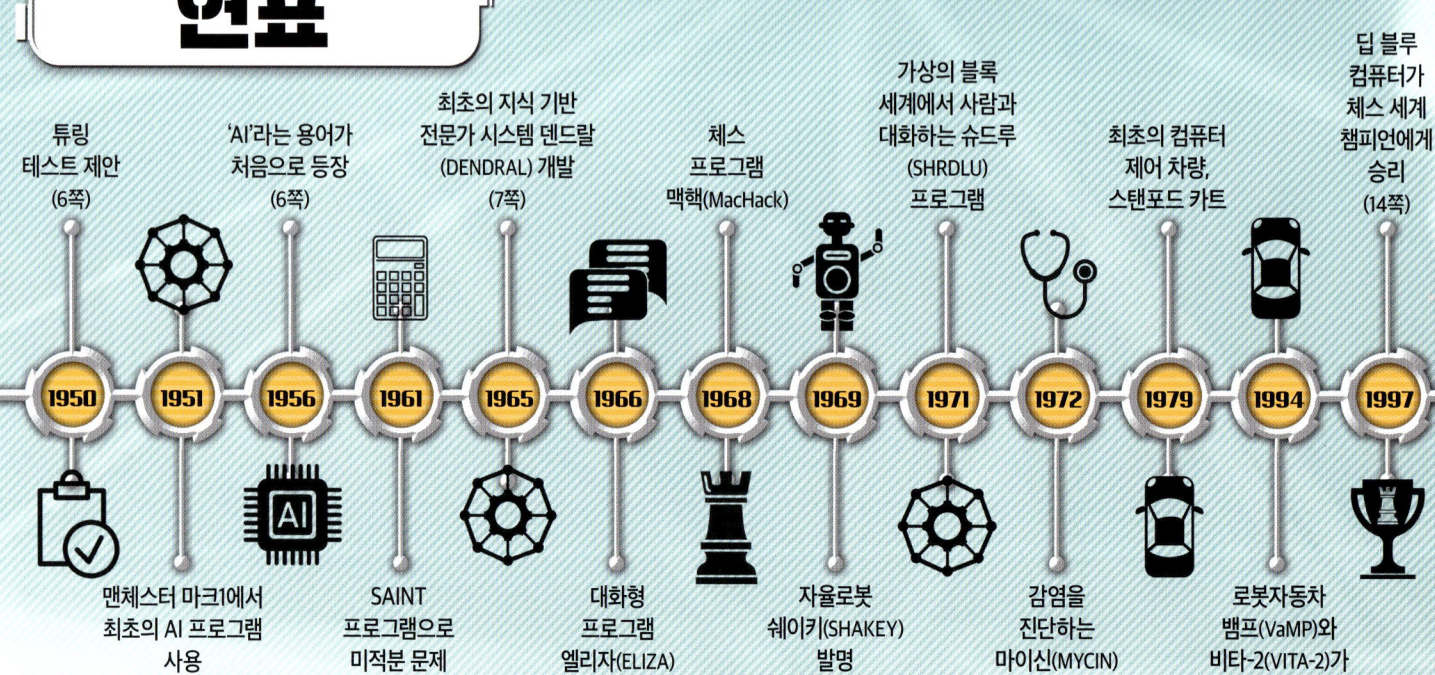

- 1950: 튜링 테스트 제안 (6쪽)
- 1951: 맨체스터 마크1에서 최초의 AI 프로그램 사용
- 1956: 'AI'라는 용어가 처음으로 등장 (6쪽)
- 1961: SAINT 프로그램으로 미적분 문제 해결
- 1965: 최초의 지식 기반 전문가 시스템 덴드랄(DENDRAL) 개발 (7쪽)
- 1966: 대화형 프로그램 엘리자(ELIZA) 개발 (10쪽)
- 1968: 체스 프로그램 맥핵(MacHack)
- 1969: 자율로봇 쉐이키(SHAKEY) 발명
- 1971: 가상의 블록 세계에서 사람과 대화하는 슈드루(SHRDLU) 프로그램
- 1972: 감염을 진단하는 마이신(MYCIN) (7쪽)
- 1979: 최초의 컴퓨터 제어 차량, 스탠포드 카트
- 1994: 로봇자동차 뱀프(VaMP)와 비타-2(VITA-2)가 파리에서 1,000km 주행
- 1997: 딥 블루 컴퓨터가 체스 세계 챔피언에게 승리 (14쪽)

스마트한 생활

AI는 오늘날 우리 주변에서 쉽게 볼 수 있다. 스마트폰, **위성 내비게이션**, **스마트 스피커** 등은 AI를 사용하여 길을 안내하고, 인터넷에서 구매 상품을 추천하고, 재생할 곡을 선정한다. AI는 게임 속 캐릭터를 제어하고, 자동진공청소기, 잔디 깎는 기계, 자율주행 자동차가 어디로 가야 하는지 안내할 수 있다. 아마 여러분은 상대가 AI 프로그램인 챗봇이라는 것을 알지 못한 채, 온라인 고객 서비스를 받았을 지도 모른다.

로봇이 통제하는 미래

SF영화 속에서 사람들이 하는 일을 지능적인 AI가 모두 대신하는 상황이 되기도 한다. AI에게 환경에 적응하고 기능을 개선하며 스스로 복제할 수 있는 지능과 자유를 준다면 위험한 일이 일어날까? 아니면 사람들은 AI에게 지루한 작업을 맡기고 여가를 위한 시간을 더 가질 수 있게 될까?

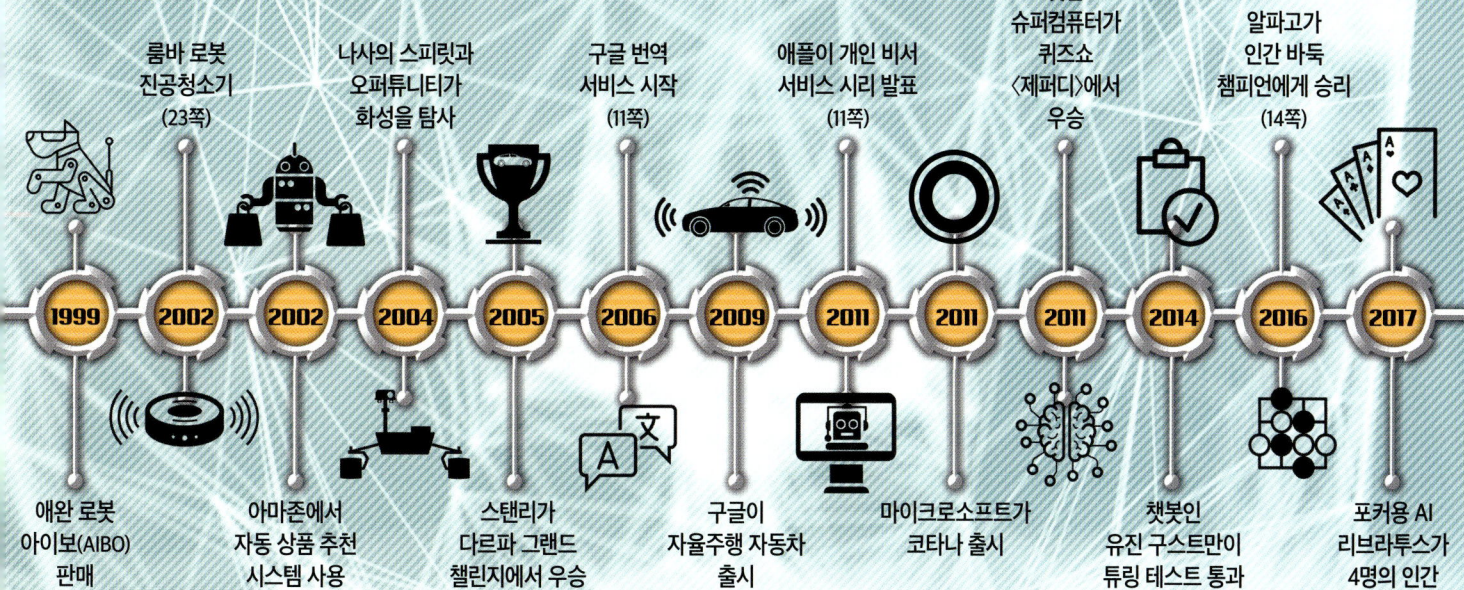

- **1999** — 애완 로봇 아이보(AIBO) 판매
- **2002** — 룸바 로봇 진공청소기 (23쪽)
- **2002** — 아마존에서 자동 상품 추천 시스템 사용
- **2004** — 나사의 스피릿과 오퍼튜니티가 화성을 탐사
- **2005** — 스탠리가 다르파 그랜드 챌린지에서 우승 (13쪽)
- **2006** — 구글 번역 서비스 시작 (11쪽)
- **2009** — 구글이 자율주행 자동차 출시
- **2011** — 애플이 개인 비서 서비스 시리 발표 (11쪽)
- **2011** — 마이크로소프트가 코타나 출시
- **2011** — 왓슨 슈퍼컴퓨터가 퀴즈쇼 〈제퍼디〉에서 우승
- **2014** — 챗봇인 유진 구스트만이 튜링 테스트 통과
- **2016** — 알파고가 인간 바둑 챔피언에게 승리 (14쪽)
- **2017** — 포커용 AI 리브라투스가 4명의 인간 선수에게 승리

발전하는 지능

인간의 사고 능력을 모방하는 컴퓨터 프로그램은 이미 1950년대에 예측되었다. 그 이후 프로그래머들은 인간의 뇌처럼 작동하는 더욱더 복잡한 컴퓨터 프로세서를 설계하고, 인터넷 데이터를 수집하고, 가상 세계를 배워가고 있다.

인간일까 기계일까?

영국의 과학자 **앨런 튜링**은 2차 세계 대전(1939~1945) 동안 적군의 암호를 푸는 해독 기술을 개발했고, 최초의 현대식 컴퓨터를 설계했다. 1950년에 그는 사람처럼 생각하고 대화하는 기계를 만드는 것이 가능할 것이라 생각했다. 그가 개발한 '**튜링 테스트**'는 기계가 인간처럼 '생각'하는 능력을 가졌는지를 판별하는 테스트다.

용어의 탄생

'인공지능'이라는 용어는 1955년 미국의 과학자 **존 매카시**가 처음 만들었다. 그는 다트머스 대학에서 열린 학회에 유명 인사들을 불러모아, 컴퓨터를 사용하여 두뇌의 기능을 복제하는 것에 대한 아이디어를 나누었다. 이것을 계기로 AI 연구가 활발하게 일어났으며, 매카시는 연구를 계속해 현재도 사용되고 있는 AI 프로그래밍 언어 **LISP**를 개발했다.

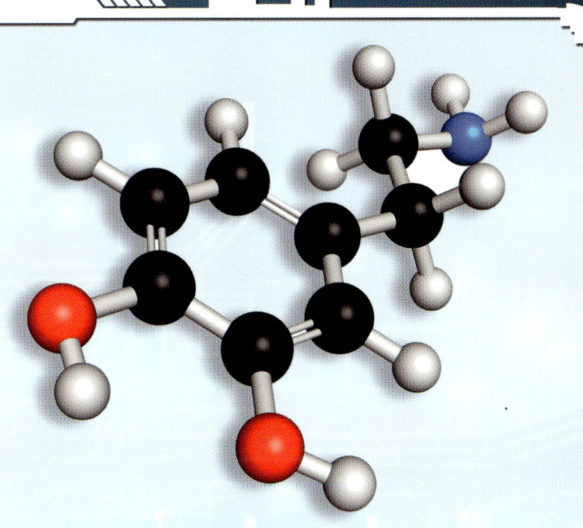

전문가의 도움

과학자들은 인간이 할 수 있는 모든 일을 하는 컴퓨터 프로그램 대신, 특정 과제만을 수행하는 AI를 개발하기로 했다. 이러한 **전문가 시스템**은 음성 인식이나 게임, 의료행위를 돕기 위해 만들어졌다. 초창기 전문가 시스템에는 화학물질을 분석하는 덴드랄(DENDRAL, 1965년)과 혈액질환을 진단하는 마이신(MYCIN, 1972년) 등이 있다.

계속되는 연구

사이크(Cyc) 는 세계에서 가장 오랜 시간 진행되고 있는 AI 프로젝트다. 1984년 AI 기업 **사이코프(Cycorp)** 의 연구원이었던 더글라스 레넷과 그의 연구팀은 단순히 인터넷에서 찾을 수 없는 인간이 가진 모든 상식들을 컴퓨터에 입력하기 위해 노력하고 있다. 사이크의 데이터베이스가 가지고 있는 전형적인 지식은 "모든 나무는 식물이다"와 "식물은 결국 죽는다"와 같다.

전자 뇌

1980년대 중반이 되어 컴퓨터 성능이 더욱 강력해지자, 과학자들은 인간의 뇌처럼 작동하는 마이크로칩을 개발했다. 이러한 **인공 신경망**은 수천 또는 수백만 개의 인공 뇌세포가 연결되어 작동하며, 인터넷에 접속해서 엄청난 양의 **데이터**를 수집할 수 있다.

개인을 구별하는 방법

AI 앱은 얼굴과 사물을 인식하여 스마트폰과 같은 기기를 잠금 해제하고 위험 요소를 찾거나 추적하는데 활용될 수 있다.

이미지 검색

매일 수백만 장의 이미지가 인터넷에 업로드된다. 검색 엔진은 사진을 구성하는 픽셀의 패턴에 따라 사람, 동물이나 사물을 인식하는 정교한 AI 기술을 사용하여 여러분이 원하는 사진을 찾아준다. 어떤 단어, 예를 들어 '고양이'를 검색하면 AI는 가장 정확한 결과를 보여준다.

얼굴 인식

현재 많은 공항의 출입국관리사무소에서는 **자동출입국심사**를 이용한다. 무인심사대에서는 승객들의 얼굴을 스캔한 후 그 이미지를 **생체 인식** 여권의 정보와 비교한다. 신분증과 운전면허증 데이터베이스를 CCTV 카메라로 찍은 영상과 대조해 범죄 용의자를 추적할 수도 있다. 인공지능은 사람보다도 훨씬 빠르게 이미지를 비교하고 용의자를 찾아내어 경찰에 알릴 수 있다.

행동을 조심할 것

AI는 얼굴뿐만 아니라 행동도 인식한다. 은행은 AI를 이용해 부정거래를 찾아내고 고객에게 신용카드 오용을 알리거나 사기행위를 적발한다. 인터넷 쇼핑 사이트와 마트에서는 AI를 사용하여 고객의 선호도를 파악하고 구매할 만한 상품들을 추천한다.

얼굴로 잠금 해제

요즘 스마트폰 화면을 열기 위해서는 쳐다보기만 하면 된다. 애플의 **페이스ID**는 **트루뎁스** 적외선 카메라 시스템을 사용하여 얼굴의 세부 정보를 입체적으로 인식해 아이폰에 저장한다. 스마트폰 잠금을 해제하려면 화면을 보기만 하면 되고, 스마트폰의 칩은 얼굴이 기존에 등록된 이미지와 일치하는지 비교한다. 화장했거나, 선글라스를 썼거나, 수염을 길렀거나 어둠 속에 있을 때도 같은 사람인지 알아볼 수 있다.

사람일까? 로봇일까?

AI가 이미지에서 사물을 식별하려면 아주 많은 양의 학습이 필요하다. 사진 속에서 임의의 물체를 인식하는 것은 AI에게 무척 어려운 일이다. 컴퓨터 프로그램이 웹사이트에 자동 로그인하는 것을 막기 위해, **캡차(CAPTCHA)**라는 프로그램이 사용되기도 한다. 캡차는 영어로 '컴퓨터와 인간을 분별하는 완전하게 자동화된 공용 튜링테스트'의 줄임말이다. 이 시스템은 사람만이 이해할 수 있는 찌그러진 문자나 아주 다양한 이미지를 사용하여 AI를 차단한다.

자동 도우미

AI 개발에서 중요한 단계 중 하나는 자연스러운 대화를 나눌 수 있는 컴퓨터 프로그램을 만드는 것이다. 온라인 도우미, 고객 서비스 그리고 전화에 응답하는 챗봇 등 인간이 아닌 존재와 '말'을 하는 것은 이제 흔한 일이 되었다.

무엇을 도와드릴까요?

• 듣고 있어요.

```
EEEEEEEE    L           IIIIIII  ZZZZZZZ      AAA
E           L              I          Z       A   A
E           L              I         Z        A   A
EEEE        L              I        Z        AAAAAAA
E           L              I       Z         A     A
E           L              I      Z          A     A
EEEEEEEE    LLLLLLL     IIIIIII  ZZZZZZZ     A     A

ELIZA > (PLEASE TYPE IN ALL CAPS) WHAT'S YOUR NAME DEAR ?
AMIT
ELIZA > HI, I'M ELIZA. WHAT DO YOU WANT TO TALK ABOUT ?
AMIT > CAN I TALK ABOUT MY PROBLEM ?
ELIZA > SURE...!
AMIT > DUE TO ON GOING EXAMS IN COLLEGE, I HAVE A LOT OF STRESS.
ELIZA > PLEASE RELAX A LITTLE. SLEEP WELL.
AMIT > THANKS FOR YOUR ADVICE.
ELIZA > NO MENTION.
AMIT > BYE
ELIZA > BYE AND KEEP IN TOUCH...
```

엘리자와의 만남

챗봇은 사람처럼 일상적인 대화를 할 수 있는 컴퓨터 프로그램이다. 최초의 챗봇은 1966년 미국 보스턴 매사추세츠공과대학(MIT)의 **조셉 와이젠바움**이 개발했다. 이 초기 AI의 이름은 **엘리자(ELIZA)**이며, 튜링 테스트를 통과하기 위해 만들어졌다. 엘리자는 마치 심리치료사처럼 행동했는데, 문장 구조를 파악하여 미리 준비된 대답을 하며 대화를 이어나갔다.

실험 대상

튜링 테스트는 기계가 얼마나 사람과 비슷하게 대화할 수 있는지를 알아보는 실험으로, 이를 통과한 최초의 챗봇은 **유진 구스트만**이다. 2001년에 프로그래머인 블라디미르 베셀로프, 유진 뎀첸코, 세르게이 울라센이 러시아에 모여 함께 개발했으며, 구스트만은 기니피그를 키우는 13세의 재치 있는 소년으로 설정되었다. 그와 대화를 나누었던 사람들의 약 30%는 그가 실제 어린 인간 소년이라고 생각했다.

음성 제어

오늘날, 점점 더 많은 사람들이 음성 제어를 사용해 컴퓨터, 스마트폰, **스마트 스피커**로 인터넷에 접속한다. 애플의 **시리**, 구글의 **어시스턴트**, 아마존의 **알렉사**와 같은 가상 비서들은 사람이 쓰는 언어로 컴퓨터에 명령을 내릴 수 있는 **자연어 처리**(NLP, natural language processing) 기술을 사용하는 인터페이스다. 대표적으로 음악이나 비디오를 재생하거나, 쇼핑을 하거나, 날씨를 확인하거나, 온라인 백과사전에서 정보를 찾는 등의 명령을 수행할 수 있다.

누구의 말일까?

전화로 대화를 나누는 상대방의 목소리가 사람처럼 들려도 실제로는 사람의 목소리를 녹음하여 질문에 대답하는 챗봇일 수도 있다. 많은 은행, 항공사, 식당에서는 숫자나 간단한 말을 인식하여 메뉴를 통해 사용자를 필요한 서비스로 연결해 주는 자동 응답 시스템을 사용한다.

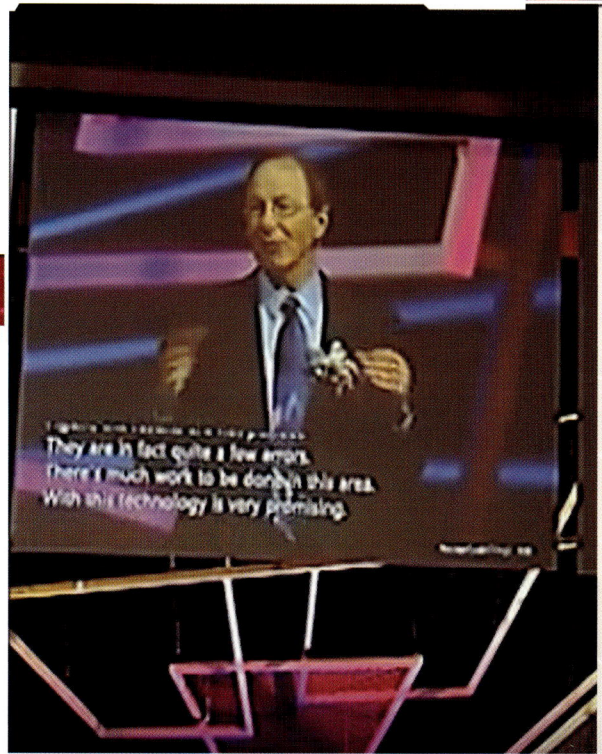

번역 기술

2006년 구글은 기존에 번역된 UN과 유럽의회 문서의 데이터를 수집하여 개발한 **번역** 프로그램을 소개했다. 현재 구글 번역기와 마이크로소프트의 **빙 번역기**는 100개 이상의 다른 언어를 번역하며, **신경망 기계 번역**(NMT, neural machine translation) 기술을 사용하여 단어 순서를 예측하고 전체 문장을 한 번에 번역할 수 있다.

2012년 마이크로소프트 리서치 대표 **릭 라시드**는 자신의 영어 연설을 그의 목소리 그대로 중국어로 통역하여 중국 청중들에게 깊은 인상을 주었다. 언젠가 사람들이 정확한 번역 기술을 사용해 어떤 언어로든 서로 대화할 수 있는 날이 오기를 바란다.

자율주행 자동차

자율주행 자동차는 운전하는 사람 없이, 승객을 목적지까지 스스로 데려다주는 교통수단이다. 머지않아 사람들은 AI가 운전대를 잡고 있는 동안 쉬거나, 영화를 보거나, 심지어 한숨 잘 수도 있을 것이다.

주위 살피는 법

자율주행 자동차는 **GPS** 정보를 이용해 자신의 위치와 목적지를 파악하는데, 이는 위성 네비게이션 장치처럼 궤도 위성에서 좌표를 얻는 원리를 사용한다. 좀 더 가까운 거리에서는 카메라와 레이더, **라이다** 등의 센서를 사용한다.

AI의 도움

현재 AI는 사람이 운전하는 자동차 대부분에 이미 탑재되어 있다. 컴퓨터 프로그램 덕분에 연료와 브레이크 효율이 높아지고, 경고음이 울리며, 크루즈 컨트롤 설정이 가능하다. 어떤 차들은 자동 주차 시스템도 갖추고 있다.

위대한 도전

미국 국방부가 후원하는 **다르파 그랜드 챌린지**는 자율주행 자동차를 여러 트랙에서 시험해보기 위한 대회로, 매년 개최된다. 처음으로 대회에서 우승한 주인공은 2005년 스탠포드 대학의 팀이 개조한 무인 폭스바겐 투아렉이다. **스탠리**라는 별명을 가진 이 자동차는 구불구불한 산길과 터널이 있는 212km의 사막 코스를 불과 7시간 만에 성공적으로 완주하며 2백만 달러의 상금을 탔다.

여행 가이드

몇몇 나라에서는 이미 무인 자동차가 운행되고 있다. 런던의 히드로 공항과 그리니치 게이트웨이에서는 4인승 무인 '팟'을 탈 수 있는데, 승객들은 정해진 길을 따라 느린 속도로 조심스럽게 달리는 자율주행 자동차를 타는 특별한 경험을 할 수 있다. 미국에서는 구글의 **웨이모**가 개발한 자율주행 택시가 공공도로에서 시험 주행하는 반면, 일본 도쿄에서는 로보택시가 성공적으로 시험 운행을 마쳤다. 하지만 2018년 미국 애리조나 주에서 보행자 사망 사고가 일어나는 등 기술이 더 개선되어야 할 필요가 있다.

AI 정보

이름: 스탠리
차종: 폭스바겐 투아렉 R5
컴퓨터: 6 x 1.6GHz 인텔 펜티엄 M
평균 속도: 30.7km/h

게임 플레이어

인공지능 프로그램은 체스와 바둑에서 챔피언인 인간을 이기며 게임에서 앞서고 있다. 또한 AI는 비디오 게임의 장면 뒤에서 상대방 캐릭터를 조종하기도 한다.

체스 챔피언

체스는 배우기 가장 어려운 게임 중 하나이다. 1997년 IBM에서 만든 컴퓨터 **딥블루**는 세계 체스 챔피언인 **가리 카스파로프**와 맞붙어 경기에서 첫 승리를 거두었다. 딥블루는 초당 2억 개의 경우의 수를 분석했기 때문에, 미리 계획하여 말을 움직일 수 있었다.

바둑 제패

2016년 구글 **딥마인드**가 개발한 **알파고**는 세계 대회에서 18번 우승한 이세돌과의 대국에서도 승리를 거두었다. **바둑**은 두 사람이 각자의 바둑돌로 바둑판을 장악해나가는 아시아의 게임으로, 체스보다 훨씬 복잡하다. 바둑은 기계가 가지고 있는 기술이 아닌, 직관과 창의적 사고가 필요한 게임이지만, 알파고가 승리했다. 지난 수백만 대국의 수를 분석하며 이세돌보다 앞서 나갔던 것이다.

승리의 손

포커는 일부 정보만 가지고 상대방이 가지고 있는 카드를 알아맞히는 게임이다. 매번 게임마다 10^{161} (1 뒤에 0이 161개)의 경우의 수가 있다. 이는 우주에 있는 모든 원자의 수보다 더 많다! 2017년 투오마스 샌드홀름 교수는 정보가 부족한 상황에서 추론을 하는 AI인 리브라투스를 프로그래밍하여, 20일간 열리는 포커 토너먼트에서 최고 수준의 인간 플레이어 4명과 겨루도록 했다. **리브라투스**는 상대편의 경기 방식을 학습했고, 그들보다 한 수 앞서는 전략을 세워 승리를 거머쥐었으며 170만 달러에 이르는 상금을 받았다.

팀워크

도타2는 플레이어들이 서로 협력하여 상대의 기지를 공격하고 파괴하는 게임이다. 2018년 인공지능 연구소인 **오픈AI** 개발자들은 5대의 AI를 훈련시켜 5명의 인간 플레이어와 대결을 하도록 했다. 이 기계들은 **클라우드**에서 매일 **180년 치**의 게임 경험을 쌓았고, 세 경기 중 두 경기에서 인간 플레이어들을 이겼다. 인간 대표팀은 겨우 세 번째 경기에서 승리를 거두었다.

한 단계 업그레이드

AI는 **헤일로**, **메탈 기어 솔리드**, **파 크라이** 등의 비디오 게임에 등장하는 비플레이어 캐릭터(NPC, Non-Player Character)의 행동을 제어하여 게임 진행을 돕기도 한다. **닌텐독스** 같은 게임의 AI는 플레이어가 가상 애완동물을 훈련시키면 그들의 행동이 바뀌도록 한다.

군인 정신

AI는 군대가 국경을 지키고 적의 전함을 막는 데 활용되고 있다. AI는 위협을 탐지하고 알맞은 무기로 공격하도록 한다. 하지만 컴퓨터 프로그램은 사람에 대한 공격 시기나 살상 여부를 결정할 수 없다. 최종 결정은 인간 군인이 직접 하도록 되어 있다.

국경 지킴이

AI가 제어하는 자동 포탑인 **슈퍼 이지스 II**는 움직이는 대상을 식별하여 추적하고 파괴하도록 프로그래밍되어 있다. 4천만 달러에 달하는 이 무기는 한국, UAE, 카타르의 국경을 지키고 있으며, 사정거리 내에 침입자를 발견하면 '돌아가지 않으면 쏜다!'고 경고한다. 슈퍼 이지스 II는 자체 발사도 가능하지만, 인간 조종사가 암호를 입력해야만 발사하도록 프로그래밍되어 있다.

킬러 로봇 통제

많은 나라들이 AI로 움직이는 총, 비행기, 선박, 비행기, 탱크에 큰 관심을 가지고 있다. 유엔(UN)은 '킬러로봇'이라 불리는 무기 사용을 반대하는 운동을 지지하고 있으며, "인간의 무력 사용은 언제나 통제되어야 한다"는 원칙을 명시하고 있다.

컴퓨터 대포

영국과 미국 등 몇몇 나라의 해군은 적의 함선과 헬리콥터의 공격을 막기 위해 **팰렁스 CIWS**라고 불리는 자동 미사일 방어 시스템을 전투함에 배치하고 있다. 컴퓨터는 20mm 레이더 유도포를 움직여 탐지, 추적, 교전 그리고 표적에 대한 공격이 성공적으로 이루어졌는지 평가한다.

로봇 탱크

자율주행 자동차가 공공도로에서 시험 운행되는 동안, 러시아군은 AI가 조종하는 전차를 만들어 전장에 투입하려는 작업을 벌이고 있다. 디지털 제어 시스템과 **자동 포탑을 갖춘 T-14 아르마타**를 시작으로 무인 탱크의 시대가 열릴지도 모른다.

AI 정보

- **이름**: 팰렁스 CIWS
- **차종**: 근접 방어 무기
- **컴퓨터**: 제너럴 다이내믹스
- **유도 방식**: 레이더, 적외선
- **사격 거리**: 3.5km

공중 방어

이스라엘은 공습으로부터 자국을 보호하기 위해 '**아이언 돔**'이라고 불리는 이동식 전천후 방공 시스템을 사용한다. 이러한 AI 제어 시스템은 지금까지 인구 밀집 지역을 겨냥한 수천 대의 로켓을 요격하여 파괴했다고 보고되고 있다. 아이언돔 시스템은 로켓을 추적하는 레이더와 미사일의 비행경로를 예측하는 첨단 소프트웨어를 사용한다. 또한 현재 최대 70km 지역까지 보호할 수 있다.

AI 의사

컴퓨터 프로그램은 수백만 건의 의료 기록을 몇 초 내에 확인하거나 수술실에서도 도움을 주는 등 의료 분야에서 점점 필수적인 보조 수단이 되어 가고 있다. AI 의사를 만나보자.

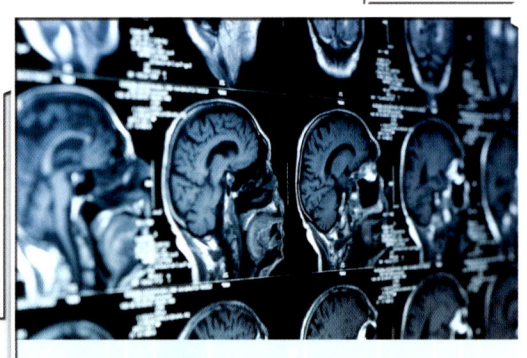

빠른 검사

의사는 환자에게 진단을 내리기 위해, 초음파, MRI 스캔, 엑스레이 등 여러 촬영 검사를 진행해야 할 수도 있다. 그리고 검사 결과를 비교하는데 시간이 걸린다. 컴퓨터를 훈련시켜 검사 결과에서 암과 같은 질병이나 손상의 징후를 발견할 수 있게 한다면, 시간을 아끼고 생명을 지킬 수 있을 것이다.

최첨단 수술

여러분은 로봇 외과의에게 안심하고 수술을 맡길 수 있는가? 컴퓨터가 보조하는 수술은 이미 행해지고 있다. 인간 외과의가 콘솔에 앉아 확대한 영상을 보며 조정하면 **다빈치 수술로봇**이 대신 움직인다. 외과의의 손동작은 로봇에 의해 더 미세하고 정확하게 움직임으로 바뀌는데, 덕분에 절개 부위를 최소화할 수 있고, 환자들은 빠르게 회복할 수 있다. 지금은 AI가 수술실에서 조수로 활동하고 있지만, 앞으로 완전히 자동화된 외과의들이 일상적인 수술을 하게 될 것이다.

암 치료법

소프트웨어 회사인 **마이크로소프트**는 의료 기술에 투자하고 있다. 그들이 진행하는 **하노버 프로젝트**의 목표는 **머신러닝**을 사용해 새로운 암 치료제와 결과에 대한 정보를 수집하여 의사들이 미래의 환자들에게 올바른 수술을 할 수 있게 하는 것이다. 이와 비슷한 AI 프로그램인 **IBM**의 **왓슨**은 최상의 치료법을 찾기 위해 수백만 건의 의료 기록을 분석한다.

증상을 말씀해 주세요.

가상 간호사

매일 당신의 건강을 확인하고 조언을 해주는 간호사가 있다고 상상해 보라. 최초의 AI 간호 조무사 **엔젤**은 전화로 환자를 상대하며 건강을 관리해주고 진료 일정 예약도 도와준다. 가상 간호사와 앱은 환자에게 도움을 주고 의료진의 시간도 절약해 준다.

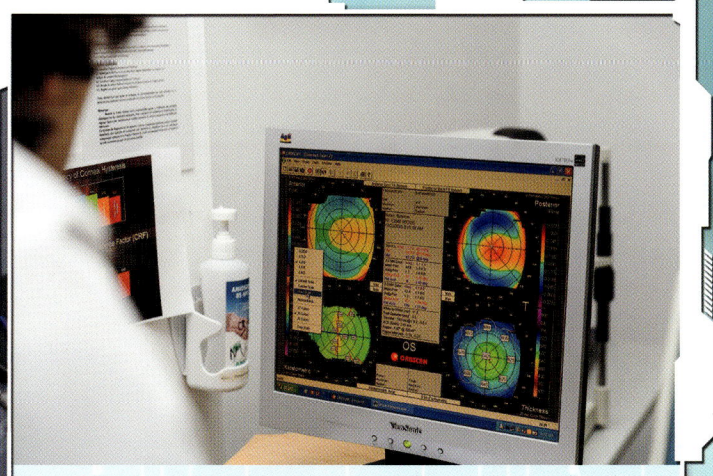

눈 속으로

기계는 눈에 생긴 문제를 잘 감지해낸다. 구글의 **딥 마인드**는 영국 무어필드 안과병원과 협력하여, 환자의 망막을 검사하고 치료가 필요한 50가지 눈병의 징후를 찾아내는 AI를 개발했다.

AI 예술가

인공지능이 훌륭한 예술, 음악, 게임 또는 이야기를 만들어낼 수 있을까? 프로그래머들은 컴퓨터의 창조력을 시험하고 있으며 그 결과는 매우 놀랍다.

컴퓨터 작곡가

1981년 **데이비드 코프** 교수는 오페라 음악을 만들던 중 곡이 잘 써지지 않자 자신의 음악 스타일을 흉내내는 컴퓨터 프로그램의 도움을 받기로 했다. 그가 만든 **음악적 지능의 실험(Experiments in Musical Intelligence)**, 줄여서 **에미(Emmy)**는 모차르트나 바흐의 음악 스타일로 곡을 쓰도록 개발되었다. 이 AI 음악가는 좀 더 개선되어 2010년에 **에밀리 하웰**이라는 이름으로 CD를 발매했다.

프로그램이 만든 팝

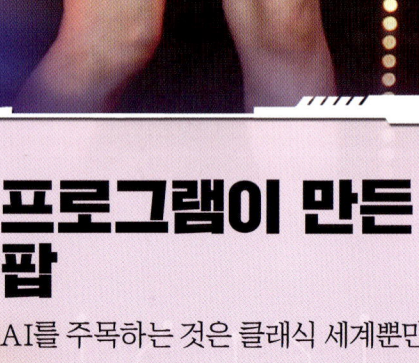

AI를 주목하는 것은 클래식 세계뿐만이 아니다. AI는 팝 세계를 사로잡을 준비가 되어 있다. 쥬크덱 같은 회사는 사용자가 선택한 음악의 스타일, 분위기, 빠르기에 맞는 독창적인 곡을 만들어준다. 한국의 걸그룹 스피카(사진)는 자신들의 노래를 만드는데 이러한 기술을 사용했으며, 이렇게 작곡되는 팝들이 점점 늘어나고 있다.

게임 제작

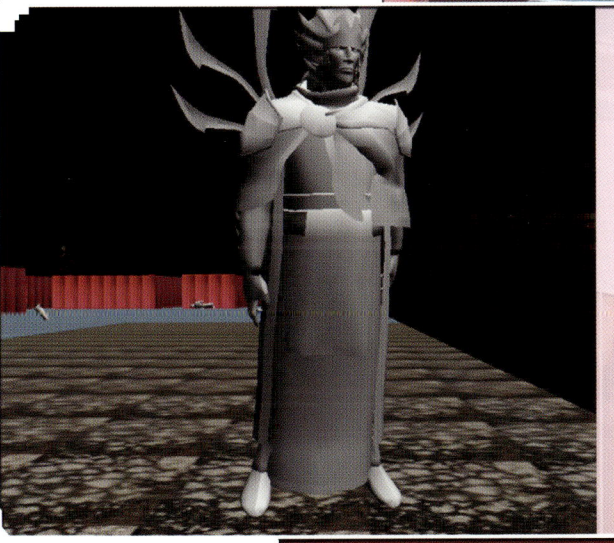

AI가 비디오 게임에서 캐릭터를 만들어 넣을 수 있다면, 자신만의 게임도 발명할 수 있지 않을까? 이러한 생각으로 등장한 것이 **안젤리나**다. 안젤리나는 AI 연구원인 마이크 쿡이 발명한 게임 디자이너 AI로, 게임 규칙을 세우고, 인터넷으로부터 영감과 이미지들을 얻어 초현실적인 경험을 제공하는 게임을 만들어 낸다.

맛을 위한 기술

컴퓨터는 부엌에서 요리하기도 한다. IBM의 AI **셰프 왓슨**은 식품 지식에 관한 데이터베이스를 활용하는데, 여기에는 요리사들이 신메뉴를 개발하는 데 필요한 여러 재료의 화학 성분도 포함되어 있다. 다음은 몇 가지 인기 있는 요리다.

크리올 새우-양고기 만두

오스트리아 초콜릿 부리토

후프앤허니 맥주

딸기 카레

셰프 왓슨은 자신만의 요리책도 만들었다.

AI 로봇

AI가 조종하여 움직이는 로봇은 물체를 집어서 옮길 수 있으며, 집안일을 돕거나 사람을 만나 인사를 나눌 수도 있다.

쉐이키 등장

쉐이키(SHAKEY)는 최초의 이동식 자율로봇이다. 1960년대 후반 미국 스탠포드 연구소에서 만들었으며, 상자를 밀면서 다른 방으로 가는 길을 찾아갈 수 있었다. 당시에는 컴퓨터가 컸기 때문에 로봇은 무선으로 통신하여 명령을 수행했다.

감정 주고받기

1997년 MIT가 만든 **키스멧(Kismet)**은 조금 괴상하게 생긴 얼굴 로봇이다. 이 로봇은 인간이 말하는 방식을 인식하고 몸짓을 관찰한 후, 얼굴 표정과 감정이 담긴 목소리로 반응한다.

미디어 스타

소피아는 홍콩의 핸슨 로보틱스라는 회사에서 개발한 첨단 로봇이다. 2015년부터 활동하기 시작한 그녀는 이미 페이스북에서 유명했으며, 황금시간대 TV 프로그램과 패션 잡지 표지에 출연하기도 했다. 소피아의 AI는 상황에 맞는 목소리와 유머 감각, 여러 손동작과 50여 개의 얼굴 표정 등으로 사람들에게 반응한다.

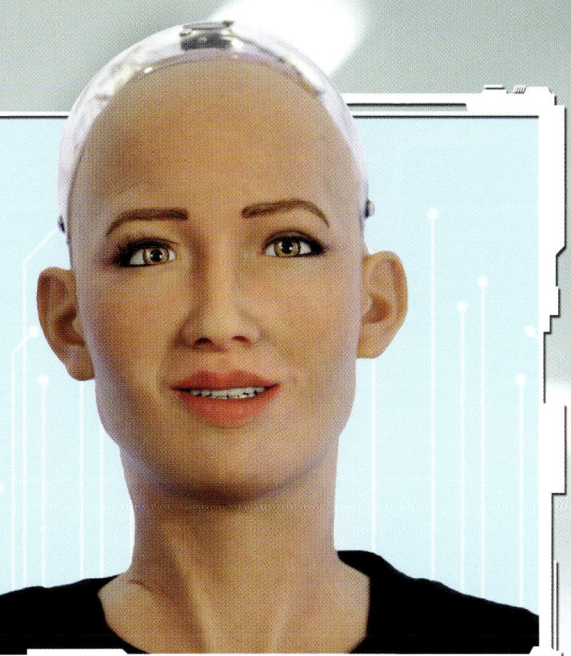

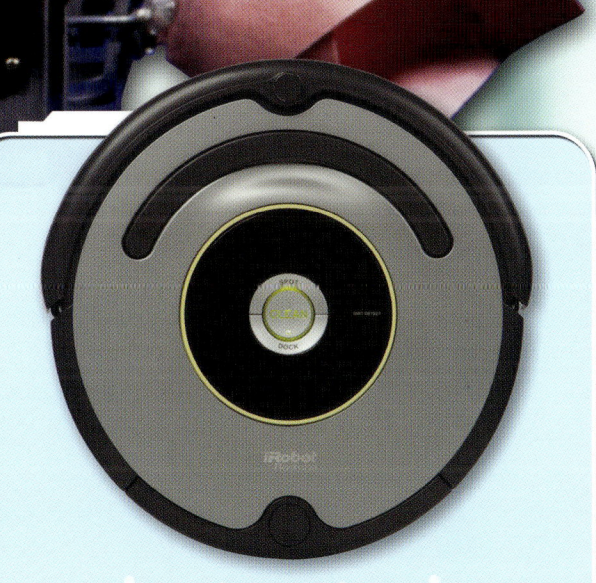

청소하기

청소하는 로봇은 수십 년 동안 사람들이 꿈꿔왔던 것이었다. **아이로봇의 룸바**는 아주 단순해 보이지만, 센서를 이용하여 카펫과 바닥, 가구 주위를 돌아다니며 먼지를 쓸고 빨아들이는 스마트 진공청소기이다. AI가 최적의 경로를 계산하고 청소가 끝난 후에는 자동으로 충전하는 곳으로 돌아간다.

화성 탐사 기술

아마도 가장 뛰어난 자율로봇은 그것을 만든 인간과 5천 5백만 km 떨어진 곳에서 스스로 움직이는 로봇일 것이다. 2012년부터, 나사의 **큐리오시티 로버**는 **이지스(AEGIS)**라고 불리는 AI를 사용하여 화성 탐사를 하고 있다. 이 시스템은 레이저 감시 장비로 조사 가치가 있는 암석을 골라낸다. 이것이 맡은 임무 중 하나는 화성이 한때 생명체가 살고 있었다는 증거를 발견하는 것이다.

영화 속 AI

수십 년 동안 SF 소설책과 영화에서는 AI의 출현을 긍정적으로만 예측하지 않았다. 여러 이야기 속에 등장하는 AI를 통해 우리는 무엇을 배울 수 있을까?

인간 정복

1968년에 만들어진 영화 <2001 스페이스 오디세이>에서 **할 9000**은 목성 탐사선 디스커버리 1호를 제어하는 컴퓨터다. 승무원들이 할에게 오류가 생겼다고 의심하자, 할은 정지되어 자신의 극비 임무가 실패하는 것을 막기 위해 그들을 한 명씩 죽여 나간다.

트론

1982년에 만들어진 <트론>은 컴퓨터 생성 이미지(CGI)로 만든 최초의 영화 중 하나다. 한 프로그래머가 강력한 AI가 제어하는 위험천만한 컴퓨터 게임 속으로 빨려 들어가서 겪는 모험을 그리고 있다.

쓰레기 행성

2008년에 만든 컴퓨터 애니메이션 영화 〈월-E〉의 배경이 되는 미래에서는 한 대의 로봇 AI가 홀로 오염된 지구를 청소하고, 인류는 AI가 조종하는 우주선을 타고 우주를 떠다닌다. 지구는 다시 생명체가 살 수 있는 상태가 되었지만, AI는 우주선이 지구로 돌아가는 것을 거부한다.

풍선 같은 친구

2014년에 만든 컴퓨터 애니메이션 영화 〈빅 히어로〉의 주인공은 로봇 천재인 10대 소년 히로와 풍선처럼 생긴 로봇 AI 베이맥스다. 그들은 히어로들과 팀을 이루어 히로의 형을 죽음으로 몰고 간 과학기술 회사를 추적한다.

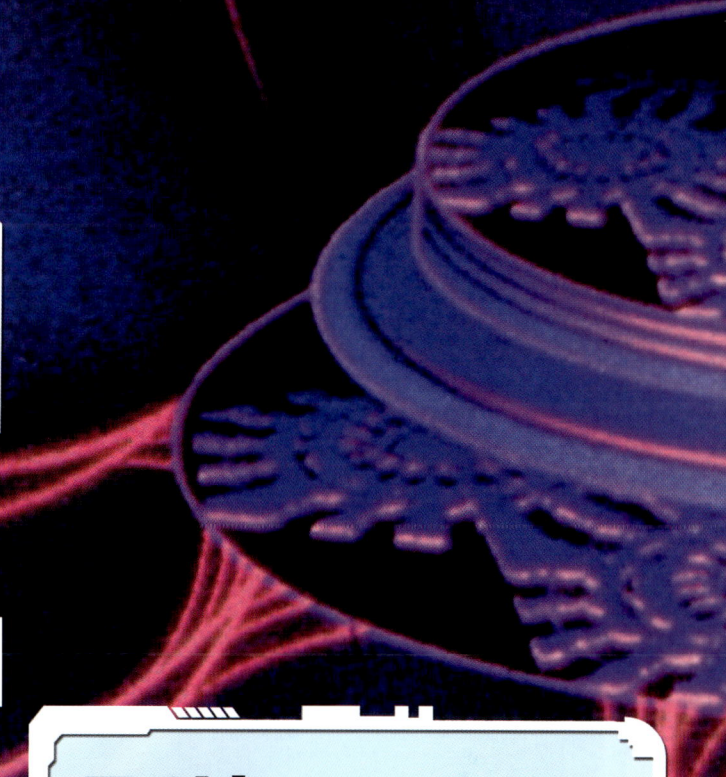

그 이후

다음은 AI를 흥미롭게 다룬 여러 영화들이다.

- 〈터미네이터〉 시리즈(1984년~2019년)에서는 치명적인 안드로이드를 사용하여 인류를 없애려고 하는 AI 방어 시스템이 등장한다.
- 〈A.I.〉(2001년)의 주인공 데이빗은 어린 소년의 모습을 한 안드로이드로, 자신을 버린 가족을 찾으려 한다.
- 〈매트릭스〉 3부작(1999년~2003년)에서 인간은 가상 세계에서 살면서 AI에게 에너지를 공급하기 위한 배터리로 이용되는 세계가 그려진다.
- 〈엑스 마키나〉(2014년)에서는 한 프로그래머가 성능이 뛰어난 안드로이드 에이바를 테스트하기 위해 초청받는데, 에이바는 자신의 지능을 이용해 바깥세상으로 도망치려 한다.
- 〈어벤져스: 에이지 오브 울트론〉(2015년)에서는 파괴가 거의 불가능한 강철 몸의 AI가 그의 안드로이드 군대와 함께 어벤저스와의 결투를 벌인다.

AI가 하게 될 일

AI가 있는 미래가 반드시 안드로이드 군대가 지배하는 세상을 의미하는 것은 아니다. 인간의 일을 대신해 주는 프로그램이 있으면 여러모로 편리한 점이 있다.

간호사 로봇

AI는 이미 앱으로 건강 진단을 해주고, 로봇 외과의로 의사를 돕고 있다. 앞으로는 AI 간호사가 환자를 돌보아줄 것이다. 로봇 가정 도우미는 노인들이 독립적으로 지낼 수 있도록 도와주어 고령화 사회의 문제를 해결해줄 수도 있다.

새로운 기술

로봇이 일을 하게 되면, 새로운 직업을 찾지 못하는 사람들이 일자리를 잃는다는 단점이 있다. 자율주행 자동차는 택시 기사와 트럭 운전사를 대신할 수 있다. AI는 조립 라인의 작업자들과 금융 전문가들의 일자리를 빼앗을 수도 있다. 하지만 새로운 시대에 필요한 새로운 직업들이 생겨날 것이다. 예를 들어 AI 트레이너를 포함하여 창의력이 필요한 곳에서는 수요가 훨씬 많아질 것이다.

자유 시간

많은 로봇들이 인간 대신 위험하거나 반복적인 일들을 대신하면, 인간 노동자들은 여가나 창의적인 일을 하기 위한 시간이 더 많아질 것이다. 어쩌면 그들은 오락용 AI와 함께 시간을 보내게 될지도 모른다!

똑똑한 투자자

오늘날 업무의 대부분은 온라인으로 이루어진다. AI는 암호를 제공하고 위조 여부를 확인할 수 있을 뿐 아니라, 최상의 금전거래가 이루어지도록 돕는다. 머지않아 인공지능 컴퓨터가 투자를 하는 동안, 가만히 앉아서 재산이 늘어나는 것을 보게 될 것이다.

스마트 홈

이제 많은 가전제품들이 온라인으로 연결된다. **사물 인터넷**을 사용하는 스마트 냉장고는 우유나 다른 식료품이 부족해지면 사용자의 온라인 쇼핑 목록에 추가해 다음번 배송 때 받을 수 있게 한다. 이제 곧 기기들은 사용자의 간섭 없이도 자동으로 업데이트되거나 수리와 필요한 부품을 요청할 수 있으며, 출근 길이 막힐 것 같으면 알람 시계가 일찍 깨워줄 수도 있다.

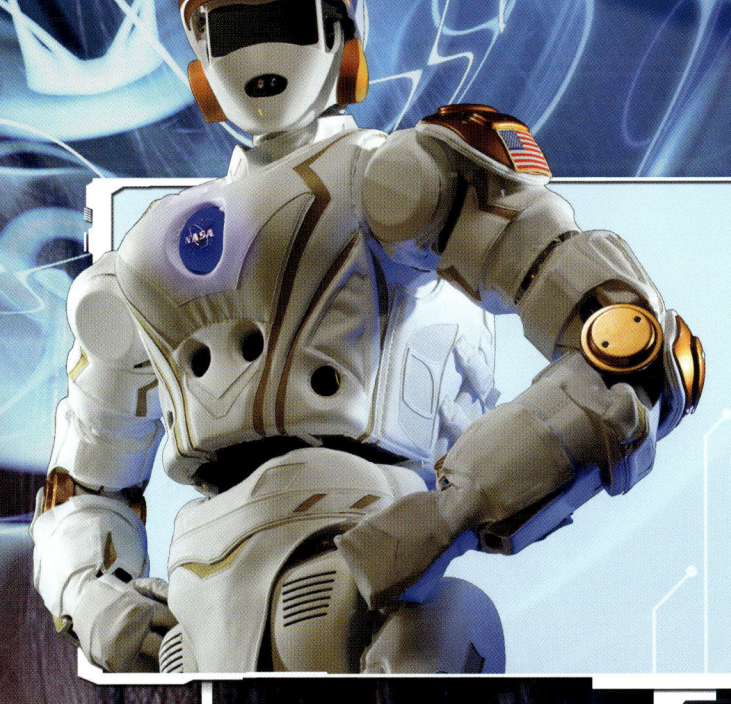

탐험 로봇

공기, 음식 또는 물이 필요 없는 AI는 인공 우주 비행사가 되어 사람들이 가기 힘든 먼 태양계와 그 너머까지 탐사할 수 있다. NASA가 개발하고 있는 **R5 발키리** 로보넛은 미래 화성 탐사를 돕기 위한 인간형 로봇이다.

AI가 만드는 세상

과학자들은 AI가 인간의 지능을 넘어서서 훨씬 빠른 발전과 변화를 가져오는 순간인 특이점에 관해 이야기한다. 이것이 AI와 함께 하는 우리의 미래에 어떤 영향을 미칠까?

AI의 통제 아래

AI가 사람보다 더 똑똑해지면 어떤 역할을 하게 될까? AI를 사용하면 더 효율적으로 세상이 돌아가겠지만, 감정을 가지지 않은 컴퓨터에 얼마나 많은 책임을 맡길 수 있을까? AI가 우리의 삶을 더 나아지게 하는 영리한 조수가 될까, 아니면 우리를 다스리는 주인이 될까?

메가 업그레이드

인간 프로그래머 없이도 AI 스스로 업그레이드가 가능하게 되면, AI는 더욱더 빠른 속도로 발전하여 우리가 결코 넘어설 수 없는 초지능을 가지게 될지도 모른다.

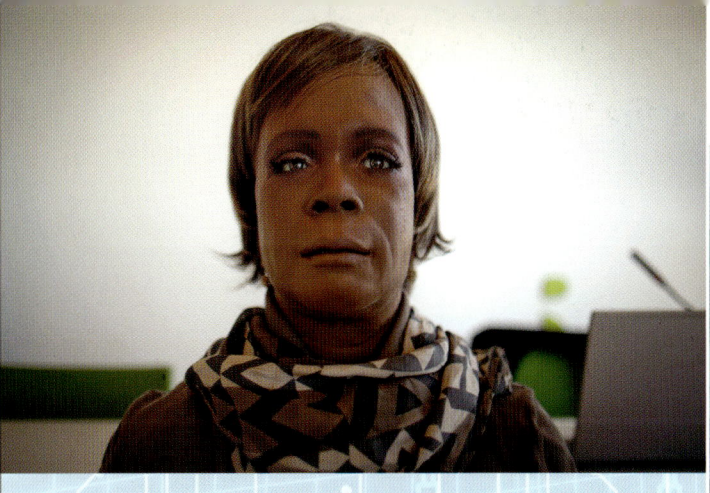

기억을 가진 기계

두뇌에 관한 지식이 발전하면 사람의 기억력과 성격을 컴퓨터 프로그램에 업로드하여 백업할 수 있을까? 핸슨 로보틱스는 비나 아스펜이라는 여성의 기억, 신념, 버릇을 가진 휴머노이드 로봇 BINA48을 프로그래밍하여 이러한 아이디어를 실험하고 있다. 미래의 인류는 기계 안에서 살아가며 죽은 후에도 계속해서 가족, 친구들과 대화를 나눌 수 있을까?

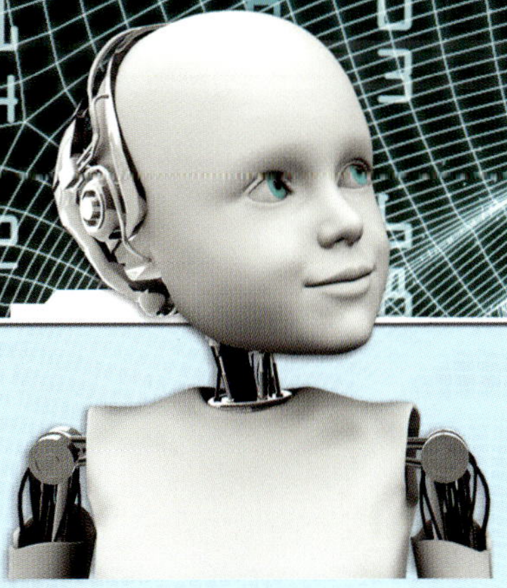

AI의 권리

AI가 점점 똑똑해지고, 학습하고, 자신의 의견과 성격을 가진 사람처럼 반응한다면, AI를 사람과 같은 권리를 가진 생명체로 받아들여야 할까? AI 형제, 자매, 또는 가장 친한 친구가 있다면 어떨까?

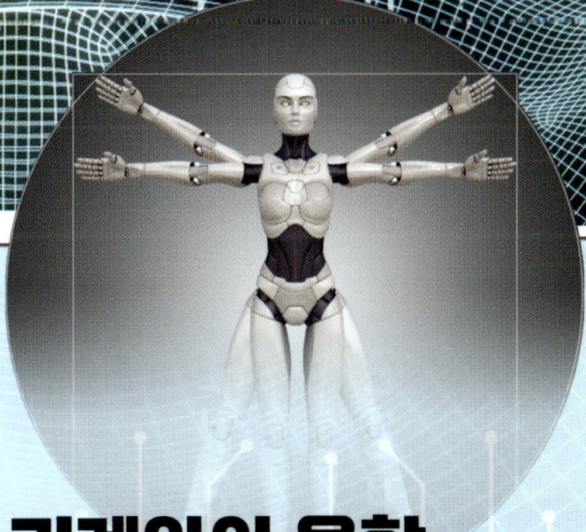

기계와의 융합

트랜스휴머니즘은 과학 기술을 사용해 인간이 진화할 수 있다는 개념이다. 이미 기계로 된 인공 눈, 손과 심장으로 생체 이식이 가능하다. 다음은 3D 프린터로 제작한 뼈와 인간의 뇌를 돕는 초지능 AI과 같이 사람과 기계가 융합하는 단계로 나아가게 될까?

용어 풀이

GPS 위성 신호를 사용하여 지구상의 위치를 확인하는 위성 항법 시스템

가상 현실 컴퓨터가 만든 3D 환경

다르파(DARPA) 미국 국방성 연구 조직 중 하나로, 고등연구계획국(Defense Advanced Research Projects Agency)의 약자

데이터베이스 체계화된 데이터의 집합

라이다(LiDAR) 레이저를 반사시켜 대상과의 거리를 감지하는 탐지 시스템

비플레이어 캐릭터(NPCs) 비디오 게임의 배경 캐릭터

빅 데이터 트렌드와 패턴을 파악하는데 사용되는 대량의 정보

사물 인터넷 사물을 연결하는 통신망

생체 정보 신원 확인을 위해 컴퓨터 칩에 저장한 개인 정보

스마트 스피커 음성 명령을 이해하고 수행할 수 있는 인터넷 연결 장치

신경망 인간의 뇌와 신경계를 모델로 한 컴퓨터 시스템

신경망 기계 번역(NMT) 인공 신경망을 사용하여 문장 전체를 파악해 번역하는 프로그램

알고리즘 문제 해결을 위해 따라야 하는 규칙의 집합

위성 내비게이션 지구 궤도를 도는 위성의 정보를 이용한 내비게이션

자연어 처리(NLP) 컴퓨터가 영어와 같은 사람의 자연어를 인식하고 처리하는 기술

자율 스스로를 자유롭게 통제하는 일

전문가 시스템 전문 지식을 활용하여 문제 해결을 하는 소프트웨어

챗봇 인간과 대화를 나누도록 설계된 컴퓨터 프로그램

튜링 테스트 기계가 인간처럼 행동하는지 판별하는 테스트

트랜스휴머니즘 인간과 기계가 융합한 인간의 진화 단계

특이점 인공지능이 사람의 지능을 뛰어넘는 순간

픽셀 텔레비전 또는 컴퓨터 화면에 표시되는 이미지의 최소 단위

참고할 만한 사이트

구글 AI
구글의 AI 개발: ai.google

로봇 소피아
로봇 소피아의 페이스북 페이지: facebook.com/realsophiarobot

참고할 만한 책

Machines That Think, New Scientist (John Murray)

The Story of Computing, Dermot Turing (Arcturus)

Artificial Intelligence, Richard Urwin (Arcturus)

Artificial Intelligence, Michael Wooldridge (Ladybird)

64 Things You Need to Know Now for Then, Ben Hammersley (Hodder & Stoughton)

이 책에서 소개하는 웹사이트 주소(URL)는 책이 인쇄되었을 당시에는 유효했으나, 출간 이후 내용이나 주소가 바뀌었을 가능성이 있습니다. 이에 대해 저자나 출판사는 어떠한 책임도 지지 않습니다.

찾아보기

B
BINA48 29

L
LISP 6

R
R5 발키리 27

ㄱ
가리 카스파로프 14
가상 간호사 19

ㄴ
나사(NASA) 5, 23, 27

ㄷ
다르파 그랜드 챌린지 5, 13
다빈치 수술로봇 18
더글라스 레넷 7
데이비드 코프 20
덴드랄 4, 7
딥마인드 14, 19
딥블루 4, 14

ㄹ
로보넛 27
룸바 5, 23
리브라투스 5, 15
릭 라시드 11

ㅁ
마이신 4, 7
마이크 쿡 21
마이크로소프트 5, 11, 18
무인 자동차 13
무인 탱크 17

ㅂ
바둑 5, 14
방공 17
번역 5, 11
빙 번역기 11

ㅅ
사물인터넷 27
사이크 7
생체 인식 8
셰프 왓슨 21
소피아 23
쉐이키 4, 22
슈퍼 이지스 II 16
스탠리 5, 13
스피카 20
시리 5, 11

ㅇ
알렉사 11
알파고 5, 14
앨런 튜링 6
얼굴 인식 8-9
엘리자 4, 10
온라인 도우미 10
왓슨 5, 19
웨이모 13
유진 구스트만 5, 11
이세돌 14

ㅈ
자연어 처리 11
자율주행 자동차 4, 5, 12, 13, 17, 26
조셉 와이젠바움 10
존 매카시 6

ㅊ
챗봇 5, 10, 11
체스 4, 14

ㅋ
캡차(CAPTCHA) 9
큐리오시티 로버 23
키스멧 22

ㅌ
투오마스 샌드홀름 15
튜링 테스트 4-6, 9-11
트랜스휴머니즘 29
특이점 28-29

ㅍ
팰렁스 CIWS 17
포커 5, 15

ㅎ
하노버 프로젝트 19